SUR

LE MINISTÈRE

ACTUEL.

PARIS,

Chez SAMSON, Libraire; Palais-Royal;
galerie de bois.

1825.

SUR LE MINISTÈRE

ACTUEL.

Les passions plongent les hommes politiques dans l'abîme de l'injustice ; elles semblent frapper d'anathême la raison et la saine logique, son guide certain. Ce n'est point à ses inspirations hardies que nous aurons recours pour défendre les actes d'une Administration, qui, suivant les éloges du Constitutionnel, son détracteur habile et naturel, a plus fait en faveur de la monarchie et de la liberté que tous les Ministères passés. Cependant, ne croyez pas que vil flatteur du pouvoir patent, nous ayons la prétention de brûler sur l'autel de l'autorité un encens inodore. Nous connaissons les convenances et les voies qui conduisent au Temple de la Vérité. Malheur au publiciste, dont l'intérêt propre sait déguiser les pensées, et qui se complait dans le dédale de l'erreur !! Nous avons froidement étudié l'histoire contemporaine ; nous avons remarqué dans ses pages l'empreinte de la présomption; mais, aussi, nous avons applaudi avec satisfaction aux chapitres, qui nous retraçaient d'honorables dévouemens et des talens, qui commandent l'estime publique.

La modération de nos principes, qui ont pour base sacrée le respect dû à la Royauté et à la Charte constitutionnelle, nous garantit des censures et des sarcasmes des ennemis du culte, auquel nous avons voué notre existence et nos faibles moyens.

La France gouvernée de fait par un parvenu, à qui personne, aujourd'hui, ne refusera un vaste génie et d'utiles conceptions, réclamait à grands cris le régime de la légitimité. L'ambition calculée de Napoléon avait refroidi le zèle et l'admiration de ses anciens compagnons d'armes; tout présageait à ces braves les malheurs dont la patrie affligée hait le souvenir. Sous l'étendard des lis, l'imagination aimait à reposer ses espérances. Lassés de succès étonnans, et de revers prévus, les citoyens attendaient un meilleur avenir. La sagesse du Titus du Nord réalisa les projets de diplomates expérimentés qui, la plupart, oublièrent les devoirs de la reconnaissance, pour sauver le sol et leurs enfans des divers fléaux qui menaçaient la prospérité de l'empire. Le burin de l'histoire mentionnera avec orgueil et blâme ces actions généreuses et nationales. Si l'inquiétude et des appréhensions qui n'étaient que trop fondées ont rendu ingrats une foule de courtisans, le rôle qu'ils ont joué est inscrit sur les tablettes du ridicule et de la trahison. Le mépris de leurs concitoyens les punit suffisamment de leur perfidie.

Il ne s'agit plus maintenant d'intenter un procès à l'ingratitude. Les temps sont changés ! Nous devons diriger nos affections sur des personnages augustes, aussi bienfaisans, aussi magnanimes qu'ils se montrèrent soumis aux décrets de la Providence à des époques calamiteuses.

Considérons la France, et les institutions créées par Louis XVIII, et énergiquement protégées par son loyal frère. Sans partager toutes les récriminations adressées à l'ancien Ministère, prouvons ce que, d'ailleurs, nos adversaires s'efforceraient en vain de réfuter, que l'Administration actuelle a donné aux amis de la Monarchie et aux partisans nombreux d'une sage liberté, touté espèce de gages. Nous sommes loin, nous le répétons, de ne pas blâmer maints abus qui se sont introduits dans plusieurs succursales du pouvoir. Au lieu de leur prodiguer nos louanges, nous éclairerons les chefs du ministère sur la mauvaise marche suivie par quelques-uns de leurs délégués.

On ne peut nier un fait incontestable : M. Decazes avait bouleversé, soit par ignorance, soit avec intention, tous les principes de la légitimité. Si un évènement affreux n'était venu dessiller la vue du Restaurateur de la liberté française, et contrister tous les cœurs, une révolution paraissait inévitable. Nous aurions eu des Cortès, un Roi prisonnier, et puis, sans doute, un gouvernement fédératif; d'autres prophètes nous prédisaient encore l'élection de Napoléon II, placé sur le trône qu'avait usurpé son père ; un autre Ministre, auquel on ne refusera pas de l'habilité et des talens, avait réorganisé l'armée ; les plans de M. Lafayette l'avaient distrait de ses premières pensées. Des Quiroga, des Pépé auraient secondé les desseins des perturbateurs, et le nom d'un Maréchal de France, qui, certes, n'avait pas envie d'être

comparé à un Ney, aurait figuré sur la sel-
lette de l'opinion publique, comme le com-
plice de cet illustre et coupable Général.....
Nous n'ajouterons pas foi aux plaintes de
leurs dénonciateurs; ces Ministres, MM. Decazes et Gouvion-St.-Cyr, ont été égarés par
les prestiges et les stigmates que leur présen-
tait l'amour des novations. Ils n'en ont pas
moins contribué, par leurs faiblesses et leur
délire, au mal que des successeurs circons-
pects, sages et prévoyans ont su réparer avec
tant de ferveur, de promptitude et de succès.

Le Ministère-Devillèle, ainsi que l'appèlent
les membres de l'opposition, a-t-il complè-
tement triomphé des efforts des révolutionnaires? par sa fermeté, n'a-t-il pas su imposer
silence aux factieux? eh! malgré les précau-
tions dont l'autorité doit s'environner, ses
détracteurs peuvent-ils lui reprocher la moin-
dre persécution? N'est-ce pas à sa vénération
pour la charte, que les Français ont été et
sont redevables des bienfaits de la liberté, qui
prête un appui formidable à la Monarchie et
à son Gouvernement? La guerre d'Espagne
n'a-t-elle pas réveillé nos vieux et braves
soldats? cette lutte n'a-t-elle pas prouvé à

l'Europe entière que les Bourbons avaient hérité du courage et des vertus de leurs aïeux, et qu'ils étaient toujours dignes de commander à cette nation héroïque que le grand Frédéric prisait si fort? Il est vrai que des publicistes ont accusé l'administration de n'avoir pas secondé, comme elle le devait, les soldats de la Régence. Il est facile de répondre qu'il nous importait de ne pas marcher à la suite de ces volontaires, la plupart exaltés, et qui donnent au monde entier, l'exemple de tous les excès. En combattant contre les Cortès, pour délivrer le Roi Ferdinand, Monseigneur le Dauphin avait là prétention de s'attirer l'amitié des Espagnols, et de ne se servir de ses armes que pour rétablir la tranquillité dans ce malheureux pays. Il n'aurait point pacifié ces contrées, s'il n'avait montré un caractère modéré, et s'il n'avait point accueilli avec générosité des chefs abusés par les prestiges d'une magicienne, dite Licence ; et qui, à l'époque de la guerre de l'indépendance, avaient marché sur les traces des Demi-Dieux! Un Français, un Bourbon n'oublie pas aussi facilement des actions sublimes. Nous ne nous arrêterons pas davantage sur les reproches adressés à M. le Comte de Villèle, et qui avaient rap-

port à son système de temporisation. M. le
Duc de Bellune, honoré, chéri de tous les
partis, avait fort bien organisé le matériel
de nos bataillons. Mais, qui démentira que
cet estimable et vaillant Maréchal ne voulait
pas entrer de suite en campagne? M. le Président du conseil avait-il donc tant de tort,
en ajournant de quelques semaines l'époque
de l'entrée de nos légions sur le territoire es-
pagnol? La diplomatie n'a-t-elle pas des pré-
cautions à prendre, des secrets à deviner, et
des lenteurs nécessaires dans ses relations
avec les cabinets étrangers? Les Rois seuls
ont la clé de toutes ces portes mystérieuses.
Si M. le premier Ministre n'avait pas ponc-
tuellement suivi les ordres du Roi, sa disgrâce
devenait une conséquence inévitable, de sa
désobéissance ou de son inhabilité. Du mo-
ment que le Souverain a publiquement ré-
compensé l'exécuteur de ses ordres, on doit
présumer que M. le Comte de Villèle méritait
cette haute faveur.

Les Chambres, d'ailleurs, n'ont-elles pas
accordé des éloges au chef prudent et coura-
geux qui a si puissamment présidé aux desti-
nées de l'Espagne? Le premier Ministre n'a-t-il

pas obtenu l'assentiment de ses collègues et du Parlement! Des attaques personnelles qui, d'ordinaire, ne sont que le fruit de la haine ou de l'ambition, ont été dirigées contre les intentions du Ministre : on a calomnié ses actes, on a blâmé ses mesures sages et utiles. Mais, que sont devenues les Philippiques ? Elles n'ont trouvé d'écho que dans une feuille rédigée par plusieurs députés, qui ne sont dépourvus ni d'honneur, ni de talens, ni de patriotisme. Seulement, il est facile de remarquer qu'ils ont lu souvent la fable de Phèdre : *Vulpes ad personam.*

Des plaintes, des récriminations, la plupart dénuées de fondement, ont été insérées dans plusieurs journaux. Mais, quel crédit paraissent-elles avoir sur la place, lorsque l'on réfléchit que ces diatribes, souvent ingénieuses, sont composées par les ennemis prononcés de M. le Président du Conseil des Ministres, et par des écrivains déserteurs de la cause qu'ils défendaient naguères sous l'influence de l'administration? Que le *Constitutionnel* et le *Courrier* ne cessent de sonner chaque matin le tocsin d'alarmes, c'est une des conditions de leurs traités avec les Radicaux et les

(11)

Illuminés, leurs frères et amis. Personne n'est
surpris de leur témérité et de leur rare péné-
tration, quand ils veulent répandre des im-
postures et des défiances. Les rédacteurs de
ces feuilles, hommes qui ont joué tous les
rôles, et qui jouent maintenant celui de char-
latans politiques, ne manquent pas de moyens,
de talens. Par leurs succès littéraires, ils ont
acquis une réputation européenne. S'ils avaient
incessamment caressé les muses, ils ne figu-
reraient pas scandaleusement dans le Diction-
naire des Girouettes et des Caméléons. Aussi,
il n'est pas un citoyen qui ait médité les annales
de la révolution et de l'empire, qui puisse
ajouter une foi aveugle aux révélations, aux
bulletins de ces littérateurs anglomanes.

Nous ne parlerons pas de la sorte de fureur
que d'autres journalistes, qui se couvrent du
masque de la religion, pour mieux en imposer
à leurs lecteurs, ont montré dans leurs agres-
sions contre le projet de la loi sur les rentes.
Certes, il était possible au Ministre de satis-
faire davantage tous les intérêts, ceux des
émigrés et des rentiers. Eh! il faut l'avouer,
il n'a pas refusé d'accueillir les amendemens
proposés par des membres de l'opposition,

qui ont l'art de donner à leurs pensées et à
leurs discours le ton et les manières convena-
bles à la noblesse de leur caractère. MM. les
Commissaires du gouvernement ont combattu
avec un talent supérieur les argumentations
malignes, avancées par des mandataires vé-
nérables, mais que l'esprit de parti et les préventions rendent fréquemment injustes et irri-
tables. De quoi s'agissait-il en effet? De
diminuer le taux de l'intérêt à 3 p. o/o au lieu
de 5, en remboursant aux rentiers le capital
de leur rente, d'une manière équitable et
intégrale. On a beaucoup parlé en faveur des
rentiers, qui ont perdu, par le fait de la révolution, une grande portion de leurs capitaux.
Mais on n'a pas réfléchi à la progression
extrême de l'intérêt même de ces capitaux.
La compensation est cependant évidente et
réelle. Remontant aujourd'hui à des considé-
rations morales et plus élevées, nous dirons:
L'industrie et le commerce ne profitent-ils
pas de cette diminution d'intérêts, puisque
les conséquences de l'exécution de cette loi
leur sont extrêmement favorables? Quel est
le rentier qui, ne calculant que ses avantages,
ne s'empressera point de placer dans de bonnes
maisons de négocians une partie de ses rentes

sur l'Etat, dans l'intime conviction qu'il retirera un lucre plus considérable que s'il laissait tout son argent dans les mains du Gouvernement? Maintenant, le commerce a d'immenses débouchés; et n'est-ce pas à la politique du Ministre influent que la France est redevable de la reconnaissance de Saint-Domingue? Bientôt, espérons que sa sagesse ne tardera point à suivre les mêmes principes vis-à-vis des républiques américaines, sur lesquelles notre monarchie n'a aucuns droits à prétendre ni à former. Ne nous imaginons pas que l'Etat souffre par le fait même de ce déplacement de fonds. Le repos de la société veut que l'on oppose des barrières insurmontables et des justes limites à l'avidité et à l'agiotage des joueurs de bourse, gouffre dans lequel vont s'engloutir les fortunes de toutes les classes. La grande confiance que chacun trouve dans la supériorité et l'excellence de nos institutions, garantit à nos fonds publics la prospérité, conservatrice de tous les intérêts, sous l'aile tutélaire de la légitimité.

Nous ne prétendons pas crier du haut des toits que la loi sur les 3 p. o/o soit une loi parfaite. Nous pourrions même confesser

qu'en mettant le taux général de l'intérêt à
4 p. o/o, le Gouvernement cût satisfait, con-
tenté tout le monde. Mais quand les deux
Chambres, après une discussion lumineuse
et approfondie, ont adopté à une forte ma-
jorité le projet de loi, nous devons nous sou-
mettre à l'opinion parlementaire, avant de
répondre aux clameurs de la cupidité, ainsi
qu'aux vociférations des uns et aux savantes
philippiques d'autres publicistes distingués.

Maintenant, nous aborderons la question
de la reconnaissance de St.-Domingue, qui a
donné lieu à tant de controverses. A l'excep-
tion de deux feuilles entachées de préventions
et de préjugés hors le siècle, les journaux de
l'opposition, le journal des Débats ont rendu
hommage à la bonne intention du Gouvernement, en faisant des vœux pour qu'il ne
cesse de marcher dans cette voie salutaire.
Ils ont seulement chicané sur la rédaction
très-brève de l'ordonnance; puis, MM. les
Journalistes ont prétendu que cette ordonnance devait être soumise à la sanction et au
vote des Chambres. Encore une fois, nous
ne partagerons pas leurs sentimens. Sans doute
ils n'ont pas lu la Charte, qui accorde au Roi

le droit de faire la paix ou la guerre, et tous les traités qu'il croit utiles aux intérêts de ses peuples. Le Monarque seul pouvait reconnaître l'indépendance de l'une de ses possessions coloniales, parce qu'en immisçant les Chambres dans l'administration, il aurait perdu une portion des hautes prérogatives de sa couronne. Voilà les principes défendus et consacrés par ceux-là même qui, à d'autres époques, redoutaient d'enlever au trône l'un de ses plus beaux privilèges.

La reconnaissance de l'indépendance de Saint-Domingue nous paraît le chef-d'œuvre de la Diplomatie ministérielle. Elle a pour approbateurs tous les citoyens, amis de la paix et du commerce. Il est possible que cet acte choque quelques prétentions, quelques amours-propres qui auraient voulu immortaliser leurs noms, en pratiquant le même système. La modération et la force des évènemens ont singulièrement contribué à hâter ces heureuses négociations, qui ont excité un généreux enthousiasme, et des cris de *vive le Roi! vive Charles X!* à Haïti, comme dans toute la France.

Féliciterons-nous de même le Ministère

de la neutralité qu'il garde dans les affaires de la Grèce ? Le *Constitutionnel*, l'ami fidèle des principes de M. Laf....., ne cesse de reprocher à notre administration sa froideur et son impassibilité, parce qu'elle refuse de rompre nos traités avec la Sainte-Alliance et l'Empire ottoman. Pour complaire à ces Achille de cabinet, ne faudrait-il pas vraiment déclarer la guerre à l'Autriche, dont la politique semble opposée à l'insurrection des Hellènes ? Devons-nous aussi marcher sous les bannières de l'Angleterre, en prêtant notre appui à des bandes de barbares qui peuvent avoir d'honorables chefs à leur tête, mais qui n'ont pas de gouvernement établi et reconnu ? A Dieu ne plaise que nous souhaitions le triomphe du Croissant. Nous sommes Chrétiens, et du fond de notre cœur nous demandons paix et protection pour nos co-religionnaires. La tranquillité de l'Europe exige de notre diplomatie d'importans sacrifices ; et nous ne pouvons, sans compromettre la prospérité de la patrie, prendre fait et cause, en faveur d'une nation longtemps délaissée et qui obéissait à la volonté des sultans. Tout ce que l'humanité réclame pour ces malheureux Grecs, le Ministère français n'est-il pas prêt à l'accueillir? A-t-il empêché l'envoi des secours et des armes du Comité Phillénique (1). Catholiques, nous aimons ces valeureux indépendans. Mais, pour complaire au *Constitutionnel*, qui prêche toujours le désordre et la haine à notre religion, serait-il sage de revenir au temps des croisades, et de verser le sang français pour des peuplades qui se livrent à la merci de l'Angleterre?

---

(1) On ne saurait trop applaudir aux généreuses pensées de M. le Vicomte de Châteaubriand, qui par l'éclat de son admirable talent, et l'élévation de son âme, a inspiré à toutes les nations le plus vif intérêt en faveur des Grecs.

De la Congrégation Jésuitique.

L'ivraie s'est mêlée avec le pur froment, mais cet accident presque inévitable à la suite de tant de révolutions, ne doit pas nous rendre injustes envers un faubourg égaré aujourd'hui par les prestiges d'un beau talent et par les doctrines si long-temps irrépréhensibles de la Quotidienne. Nous ne savons pas jouir des avantages de notre position. Nous, ne voulons pas même la reconnaître : pour notre inconséquente légèreté, le premier des besoins, c'est le murmure et la plainte, avec l'épigramme et la calomnie.

Sans nous arrêter davantage au développement de cette pensée, qui nous ferait prendre pour un Ministériel gorgé de biens, venons aux terreurs du Constitutionnel.

Nul doute que toutes les faiblesses ne soient possibles, que les plus grossières erreurs ne

l'emportent souvent sur la vérité, et que certains esprits ne dévorent l'absurdité, comme
les palais vulgaires avalent une eau sans sa-
veur; mais, il ne s'agit pas de dire : cela est.
Il faut le prouver, et le prouver par des faits
nombreux. Car, ce n'est pas sur des excep-
tions que l'on fonde des argumens, ni sur des
bizarreries de la nature que l'on établit des
règles. Ainsi, avant de croire que tout est
perdu pour la France, parce que beaucoup
de Français sont affiliés à la Congrégation,
nous tâcherions de nous assurer de l'exacti-
tude de l'assertion. Eh! puis, lorsque nous
aurions reconnu que tout cela est aussi certain que nous le pensions dénué de preuves,
nous n'en aurions pas plus peur que de raison.

En effet, remontant à la cause première de
ces alarmes, de cet effroi, que trouverons-
nous? Les Jésuites. Eh! quoi encore? La
proscription des quatre articles de nos libertés.
Or, ni les Jésuites, ni cette proscription ne
nous inspirent pas la plus légère crainte, *au
temps qui court.* Remarquons bien cela; car
nous ne voudrions pas, nouveau bouc émis-
saire, porter sur notre dos, ni les arrêts du
parlement, ni les plaisanteries de Pascal, ni

les doctes et savantes déclamations du Constitutionnel.

Si cependant, les Jésuites devenaient puissans, fanatiques, anti-gallicans, s'ils se prononçaient contre nos libertés, nous n'en aurions pas plus peur que d'une invasion de Piémontais, de Basques ou de Prussiens. Nos places fortes arrêteraient le premier effort de l'ennemi, et nos braves soldats les auraient bien vîte repoussés. De même si d'une simple corporation religieuse, il devait sortir des élémens de discorde, le corps épiscopal, puis le Conseil d'État, puis le Roi et les Ministres, et enfin tout ce qu'il y a de droit et de sensé dans notre France réuniraient leurs efforts contre les perturbateurs de l'ordre, contre les prédicateurs des fausses doctrines.

Mais, de bonne foi, ceux qui élèvent le plus la voix contre les Jésuites, croyez-vous qu'ils craignent tout ce qu'ils affectent de craindre? Ces terreurs ont grandement l'air de terreurs de comédie, où lorsque l'acteur est distrait le souffleur lui fait signe de se trouver mal. A-t-on formé à St.-Acheul ou à Montrouge des petits Louvels? Et quelque docteur est-il venu prêcher, au nom des révérends Pères, que le Pape pouvait à son gré déposer les Rois ? On parle beaucoup des progrès du siècle; nous ne sommes pas assez habile pour en calculer toute l'étendue; mais nul homme au monde ne s'avisera de dire que les Rois sont pour le temporel dans la dépendance des Souverains Pontifes. Or, si c'est là le danger qu'on redoute, avant que nous partagions ces craintes, nous demanderons qu'on nous montre quelque chose de plus réel. Nous ajouterons qu'il y aurait aujourd'hui peu d'hommes qui se feraient Jésuites pour avoir dans quelques cinquante ans la liberté d'assassiner en sûreté de conscience ceux qui ne jureraient par saint Ignace ou par la Congrégation.

Des intrigues, il n'en manquera jamais. Au siècle dernier, la Pompadour; sous François Ier, la Duchesse d'Etampes, et Diane de Poitiers ; plus tard les Guise et les Montmorency, qui nous valurent la ligue et le reste; la Fronde, et de nos jours, Fouché, T........ et tant d'autres, bons ou mauvais, hommes ou femmes, n'ont-ils pas eu dans les affaires la plus singulière influence ? Si parfois il s'y mêle des Jésuites, certains abbés, et même quelques prélats, ne nous en étonnons pas trop et n'en prenons pas scandale outre mesure. C'est là la conséquence inévitable de l'humaine nature.

Si le bien est mêlé de quelque mal, soyons assez amis de notre pays et des Jésuites eux-mêmes pour faire connaître les abus, pour signaler le faux zèle, dévoiler l'hypocrisie, et pour exciter contre les persécuteurs une utile réaction. Mais, tout cela même doit être fait avec prudence et sagesse. Ne nous rendons pas les exécuteurs aveugles des perfides volontés du Constitutionnel et des révolutionnaires. Ces hypocrites partisans de nos libertés ne nous ont-ils pas fait gémir pendant vingt ans et plus sous le plus rude et le plus honteux esclavage ? Ils repoussent (et avec une apparence de raison) l'influence des Papes et les prétentions de la Cour de Rome ; mais n'est-ce pas pour nous donner en échange la souveraineté du peuple ? Défions-nous de ces Publicistes, qui ont pour maximes que l'insurrection est le plus saint des devoirs, et de ces

Financiers qui créent 40 milliards d'assignats;
et, de plus, battent monnaie sur la place de
la révolution.

I FIN.

Imp. de Mme Ve SCHERFF, passage du Caire, n° 54.